\どろどろ〜ん/
オバケーヌの
まちがい
さがし
ブック

クラックス・監修

西東社

この本について

どろどろ〜んと姿をあらわす
オバケの仲間たち、それがオバケーヌ。
たくさんの仲間がいて、
それぞれに個性たっぷり！

この本は、オバケーヌたちのかわいさが
ギュッとつまったまちがいさがしブックだよ。

やさしい問題から
がんばらないとわからない問題まで
レベルもいろいろで、あそびごたえ満点！
集中力を高めたり、観察力が上がったり、
頭のたいそうにもなるんだ。

さあ、あなたはぜんぶ見つけられるかな？
オバケーヌたちの世界でいっしょに
遊ぶつもりで、チャレンジしてみてね。

この本のあそび方

1. 問題のレベル
☆が多いほどむずかしいよ

2. 正しい絵

3. まちがいのある絵
左と右の絵を見くらべて、まちがいをさがしてね

4. まちがいの数
まちがいがぜんぶでいくつあるか書いてあるよ

5. 正しい絵

6. まちがいのある絵
上下に絵がならんでいたら、上と下の絵を見くらべてまちがいをさがしてね

7. 問題文
なにをさがせばいいか書いてあるよ

8. さがす数
いくつさがせばいいか書いてあるよ

9. みほん
みほんをよーく見てからさがそう

答え 問題の答えは72〜79ページでかくにんしてね

オバケーヌのなかまたち

1 雲の国のまちがいさがし

見わたすかぎりのふわふわ・もこもこ！
にじのすべりだいも楽しいよ

2 スポーツ大すき まちがいさがし

思いきり外で体をうごかすと
気もちがいいね！

まちがいの数 5

3 七夕まつりのまちがいさがし

みんなのねがい、
お星さまにとどきますように

4 おとまり会でまちがいさがし

夜はこれからと思っていたら、
あれれ、もうねちゃってる

まちがいの数
5

5 ちがうもの さがし

みほんとちがうコをさがしてね。1つあるよ

みほん
プリーヌ

6 ちがうシルエットさがし

みほんとちがうシルエットを1つさがしてね

7 図書かんでまちがいさがし

どの本もおもしろそうで
どれを読もうかまよっちゃう

まちがいの数
5

17

8 バスでお出かけ まちがいさがし

バスにゆられてついうとうと。
ねすごさないように気をつけて

9 ゲームのせかいでまちがいさがし

このステージをクリアしたら
すてきなアイテムをもらえるんだって

10 ちがうものさがし

オバケーヌの中にちがうコがいるよ。2つさがしてね

みほん
オバケーヌ

11 海水よくでまちがいさがし

およぎがとくいなコばかりだよ。楽しそうだね

12 ちがうものさがし

みほんとちがうポーズはどれ？　2つあるよ

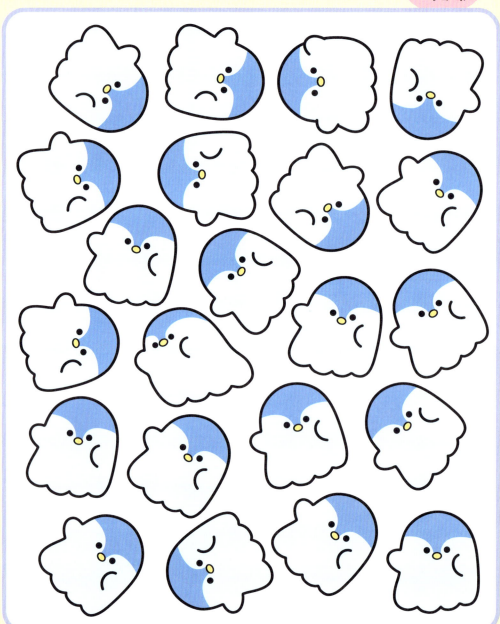

13 ないものさがし

みほんにないコはどこにいる?　3つさがしてね

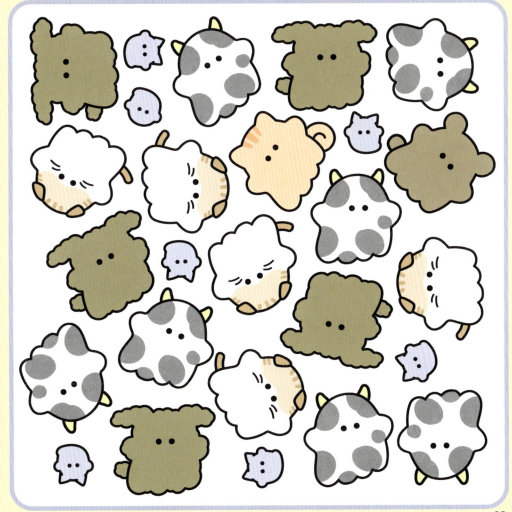

14 サーカスでまちがいさがし

ハラハラドキドキ、空中ブランコ。
ぶじにキャッチできるかな？

まちがいの数
6

15 ダンスパーティーでまちがいさがし

ミラーボールの光をあびて
今夜はみんなでおどっちゃおう！

16 プラネタリウムでまちがいさがし

星空につつまれているみたいで
なんだかだんだんねむくなる‥‥‥

17 たいいくかんでまちがいさがし

バレー、たっきゅう、バドミントン。
みんなはどのスポーツがすき？

18 ちがうもの さがし

みほんとちがう料理があるよ。4つ さがしてね

みほん
オデビーヌ

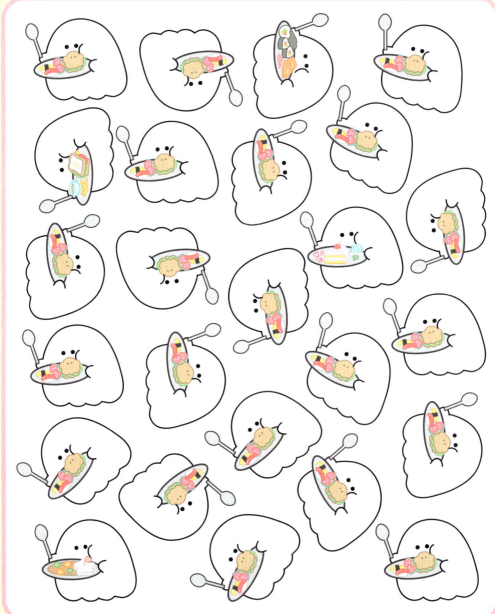

19 組み合わせまちがいさがし

みほんとちがう組み合わせはどれ？

20 かがみにうつった まちがいさがし

上の絵をかがみにうつしてみたよ。まちがいをさがしてね

21 ないものさがし

みほんにないコはどこにいる？ 5つさがしてね

22 列車のたびのまちがいさがし

列車で食べるおにぎりって
どうしてこんなにおいしいのかな

23 ピクニックでまちがいさがし

山の空気はとってもきれい！
心まであらわれる気がするね

24 ろてんぶろでまちがいさがし

みんなでなかよく雪見ぶろ。
体のしんまでぽかぽかだね

25 ちがうシルエットさがし

みほんとちがうシルエットを3つさがしてね

みほん
ユニコーヌ

26 虫とりでまちがいさがし

つかまえたいけど、うごきがはやくてつかまらない！

27 ちがうもの さがし

みほんとちがうのはどれかな? 3つ さがしてね

28 かがみにうつったまちがいさがし

上の絵をかがみにうつしてみたよ。まちがいをさがしてね

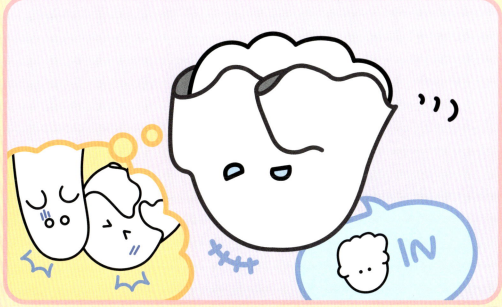

29 ファッションショーのまちがいさがし

スポットライトとかんせいをあびて、
あこがれのランウェイデビュー！

30 せかいいっしゅう まちがいさがし

パリもいいし、ハワイもいいね。
みんなはどこへ行きたい？

31 おかし作りでまちがいさがし

作って楽しい、食べておいしい、
おかし作りはすばらしい

32 音楽会のまちがいさがし

せーので気もちをひとつにして、
きれいな歌声をひびかせよう!

33 ないものさがし

みほんにないコはどこにいる？ 6つさがしてね

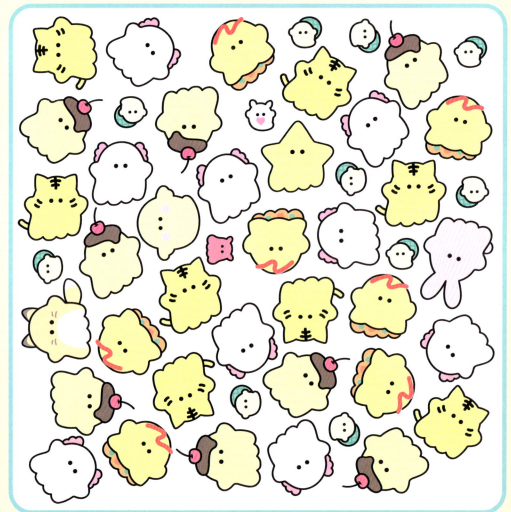

34 ちがうシルエットさがし

みほんとちがうシルエットがあるよ。4つさがしてね

35 アイドルライブでまちがいさがし

ペンライトをふっておうえんするよ。
あなたの推しはどのコかな?

まちがいの数
10

36 アスレチックでまちがいさがし

アスレチックにちょうせんだ！
明日はきっときんにくつう……

37 かがくじっけん のまちがいさがし

スライム作りにしゃぼん玉作り。
しゃぼん玉の中、入ってみたいね

まちがいの数 13

38 ゆめの中でまちがいさがし

★★★

なかよくおひるね。どんなゆめを見ているのかな?

まちがいの数 8

39 組み合わせまちがいさがし

みほんとちがう組み合わせはどれ？

40 かがみにうつったまちがいさがし

左の絵をかがみにうつしてみたよ。まちがいをさがしてね

まちがいの数 それぞれ5

41 ちがうものさがし

みほんとちがうポーズはどれ？　4つあるよ

42 まわるおすしでまちがいさがし

イクラにエビに、なっとうまきもいいね。
そんなにワサビをつけてだいじょうぶ？

まちがいの数 15

43 はくぶつかんでまちがいさがし

すみからすみまでふしぎなものだらけ！
一日中いたって見あきないよ

まちがいの数
20

答え ⭐

1. 雲の形がハート
2. 星形の雲がない
3. 三日月がほそくなっている
4. 花のむきがさかさま
5. 花の形が月

1

1. クローバーが花になっている
2. ラケットの色がちがう
3. サッカーボールのもようの形が五角形になっている
4. バットが大きい
5. 野きゅうのボールのむきがちがう

2

1. スイカのかざりがさかさま
2. 三角のかざりが2まいしかない
3. オチビーヌのいちがちがう
4. はしのはしらが1本多い
5. えんぴつがふでになっている

3

1. かざりの形がハート
2. 目があいている
3. ベアーヌの手のむきがちがう
4. リボンのかざりがない
5. トランプがおもてをむいている

4

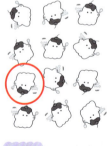

5

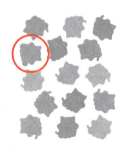

6

1. 本がちがう
2. 本が小さい
3. 本のひょうしの花がヒマワリ
4. 本のむきがちがう
5. 本のあつさがちがう

7

8

1. トンボになっている
2. はなちょうちんが小さい
3. 音ぷの形がちがう
4. ぼうしのむきがちがう
5. 星形のライトが小さい

9

1. ブロックがずれている
2. まほうのつえがみじかい
3. HPが半分
4. リボンかざりがハート
5. チューリップの色がちがう

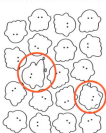

10

11

1. クリオーヌがカメーヌになっている
2. メンダコーヌの目がちがう
3. しぶきが多い

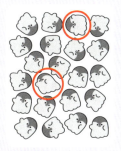

12

13

答え ★★

14

1. チビネズーヌの いちがちがう
2. 空中ブランコの バーが長い
3. 紙ふぶきの色が ちがう
4. ピンがあめに なっている
5. 一輪車のタイヤが 星形になっている
6. カメーヌがいる

15

1. ミラーボールの色が 1つちがう
2. ジュースが お茶になっている
3. プリーヌのサクランボの じくが長い
4. マイクがアイスクリームに なっている
5. オチビーヌが チビニャンコーヌに なっている
6. つまみのいちがちがう

16

1. UFOのまどが 1つたりない
2. テチーヌの左足の むきがちがう
3. オチビーヌの星ざの むきがちがう
4. はなちょうちんが 大きい
5. クッションの いちがちがう
6. 星が月になっている
7. メカーヌの コンセントがみじかい

17

1. のみものがちがう
2. ラケットのガットが ちがう
3. バレーボールが 1つたりない
4. シャトルがテチーヌに なっている
5. ペンコーヌの目が ちがう
6. とく点の6が0に なっている
7. オバケーヌの いちがちがう

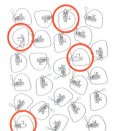

18

19 プリーヌではなく オムーヌがいる

20

1. 雲がなくなっている
2. ユーフォーヌのわっかの 色がちがう
3. ユーフォーヌのアンテナが長い
4. 線が切れている
5. 草のむきが1つだけちがう

21

22
1. 汽車のマークが小さい
2. 花のくきがみじかい
3. オチビーヌがいない
4. カメラのレンズが星形
5. オチビーヌとはっぱがさかさま
6. おにぎりの中が見えている
7. はっぱの色がちがう

23
1. キツネーヌのしっぽのむきがちがう
2. コーヒーカップの色がちがう
3. シバーヌの右手のむきがちがう
4. テチーヌの頭のキノコが小さい
5. キノコがタケノコになっている
6. はしの切りかぶのねんりんがみじかい
7. こうもりがいない

24
1. 雪だるまのボタンが1つたりない
2. カワウソーヌの頭のタオルがずれている
3. クリオーヌが貝になっている
4. テチーヌのいちがちがう
5. オチビーヌがいない
6. ゴリリーヌのぼうしの色がちがう
7. おけにおゆが入っている
8. 雪が小さい

25

26
1. あせが白くなっている
2. 虫とりあみの目がちがう
3. カブトムシの色がちがう
4. 木のみきの線がみじかい
5. 虫かごの光りかたがちがう

75

27

28
1. ペラリーヌの頭の上の記号が小さい
2. ペラリーヌの顔の線が1本たりない
3. おばけの上の記号の線が1本多い
4. おばけの目の形がかがみにうつった形になっていない
5. NはかがみにうつるとИになるがなっていない

29
1. メイクパレットのハート形が1つたりない
2. くしがブラシになっている
3. オバケーヌのリボンのいちがちがう
4. Sの文字の色がちがう
5. キラキラが星になっている
6. ハートのシャボン玉が小さい
7. ぼうしのかざりの形が丸くなっている
8. ステージライトのむきがちがう

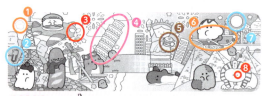

30
1. お日さまがオチビーヌになっている
2. スマホがたてむきになっている
3. プロペラが小さい
4. ピサのしゃとうのかたむきかたがちがう
5. 自由の女神がハンバーガーをもっている
6. 空とぶじゅうたんのよこはばがせまい
7. 月の形がちがう
8. スフィンクスがウィンクしている

答え ★★★

❶ メモが小さい　❷ ガーランドの色がちがう
❸ はかりのメモリのいちがちがう
❹ タマゴからオチビーヌがのぞいている
❺ 本のページがめくれている
❻ めんぼうが長い
❼ クッキーがたりない
❽ ミトンのむきがちがう
❾ ハートのクッキーがオバケーヌの形になっている
❿ ナプキンのはしがめくれている

31

❶ 音ぷの色がちがう
❷ ショクパーヌの目がちがう
❸ アナゴーヌがテチーヌになっている
❹ ウシーヌのもようがハートになっている
❺ ランプがかたむいている
❻ オデビーヌのポテトチップスの
　 かけらがふえている
❼ ヒョロリーヌの右手のむきがちがう
❽ ゴリリーヌのしきぼうがない
❾ チューリップが大きい
❿ チビネズーヌが外に出ている

32

33

34

❶ ステージの丸いライトの色がちがう
❷ LOVE の O が I になっている
❸ ペンコーヌの左手のむきがちがう
❹ テープの色がちがう
❺ トラネコーヌのしっぽのむきがちがう
❻ 星が小さい
❼ ヒョロリーヌのはちまきが長い
❽ リスーヌのリボンがはっぱになっている
❾ トロリーヌのライトの色がちがう
❿ テープがみじかい

35

77

①やねがみじかい
②カワウソーヌのせが高い
③ボルダリングの石のむきがちがう
④ロープが1本ふえている
⑤オチビーヌの右手のむきがちがう
⑥木が小さい　⑦テチーヌがいない
⑧はっぱがイチョウのはになっている
⑨ペンコーヌがさかさまになっている
⑩花が大きい

36

①オチビーヌがさかさまになっている　②メカーヌのぜんまいがみじかい
③ビーカーからあふれたえきが多い　④シャーレがない
⑤クロネコーヌがもつえき体の色がちがう
⑥ダルメシーヌの頭の水風船がオチビーヌになっている
⑦ウサギーヌがもつフラスコのえき体が少ない
⑧水道から水が出ている
⑨シンクからクリオーヌがのぞいている　⑩ガオーヌの目がちがう
⑪ポンプのむきがちがう　⑫テチーヌの左足のむきがちがう
⑬シャボン玉が小さい

37

①ハートが多い
②フランスパーヌのすじが多い
③むぎのほのむきがちがう
④チョココロネのすじが1本多い
⑤メロンパンの色がちがう
⑥丸が1つ多い
⑦アクマーヌのしっぽのむきがちがう
⑧テンシーヌの右手の先が
　ふとんに入っている

38

39　ペンコーヌが入っている

【上の問題】
1 ひげの色が1本だけちがう
2 目がちがう
3 おさらの色がちがう
4 とりいの足がちがう
5 オチビーヌのむきがちがう

40

【下の問題】
1 木の色がちがう
2 もみじのはのすじの色がちがう
3 もみじのむきがちがう
4 オチビーヌのねいきの形がちがう
5 もみじが1まい多い

41

42
1 ゆのみの形がちがう
2 プリーヌのもつスプーンがフォークになっている
3 オムーヌのケチャップの形がちがう
4 ペンコーヌがもつはしのむきがちがう　5 ケーキがのっている
6 アクマーヌがもつワサビがクリームになっている
7 ちゃわんむしからオチビーヌがのぞいている
8 オチビーヌがすわっているいすのいちがちがう
9 ジュースのストローがみじかい　10 鉄火巻の形が星形
11 タコヤキーヌがのるおさらの形が四角になっている
12 オデビーヌの前のしょうゆざらのむきがちがう
13 タマゴやきがかじられている　14 おさらの色がちがう
15 イクラのキュウリが大きい

43
1 クジラのほねのリボンが花になっている　2 ランプの形がちがう
3 ちょうちょのひょう本が1つたりない
4 クワガタがカブトムシになっている
5 つぼのふたがハートになっている
6 テンシーヌの右手のむきがちがう　7 リスーヌがかたむいている
8 すいしょうの長さがみじかい　9 魚のかせきが小さい
10 ティラノサウルスの目がちがう
11 ペロペロキャンディーのうずがはんたい　12 ほうせきが大きい
13 ペンコーヌのあせが1つない　14 ティラノサウルスのさくが細い
15 ほねが小さい　16 オウチーヌのまどの形がちがう
17 ラフレシアのもようが1つない
18 リュックの色がちがう　19 かんばんのいちがちがう
20 オバケーヌがすわっているいすがちがう

79

カバー・本文デザイン	岩田歩　浜田美緒(ohmae-d)
カバーイラスト	河原田瞳美(株式会社クラックス)
本文イラスト	河原田瞳美　進士瑞希(株式会社クラックス)
	ふじもとめぐみ
編集	木戸紀子(株式会社シーオーツー)
本文DTP	株式会社アド・クレール

© CRUX

オバケーヌ 公式ホームページ
https://crux.jp/obakenu/

どろどろ〜ん
オバケーヌのまちがいさがしブック

2025年4月30日発行　第1版

監修者	クラックス
発行者	若松和紀
発行所	株式会社 西東社
	〒113-0034　東京都文京区湯島2-3-13
	https://www.seitosha.co.jp/
	電話　03-5800-3120（代）
	※本書に記載のない内容のご質問や著者等の連絡先につきましては、お答えできかねます。

落丁・乱丁本は、小社「営業」宛にご送付ください。送料小社負担にてお取り替えいたします。
本書の内容の一部あるいは全部を無断で複製（コピー・データファイル化すること）、転載（ウェブサイト・ブログ等の電子メディアも含む）することは、法律で認められた場合を除き、著作者及び出版社の権利を侵害することになります。代行業者等の第三者に依頼して本書を電子データ化することも認められておりません。

ISBN 978-4-7916-3404-0